ESSAIS
DRAMATIQUES ET MORAUX.

LILLE.
L. LEFORT, IMPRIMEUR-LIBRAIRE,
rue Esquermoise, 55.

N.° 134.

ESSAIS DRAMATIQUES

ET MORAUX

A LA MÊME LIBRAIRIE :

Pièces qui peuvent être représentées dans les maisons d'éducation.

☞ En envoyant le prix en un mandat de la poste ou en timbres-poste, on recevra *franco* à domicile.

Théâtre des jeunes filles. in-12. . . . 1 »

Ce volume contient : Amélie, ou la Jeune Institutrice. — Une Fête. — Martha, ou la Jeune Fille reconnaissante. — Emma, ou les Etrennes. — Junia, ou la Jeune Fille charitable. — La Paresseuse. — Adèle, ou l'Orgueil puni. — Caroline.

Nouveau Théâtre pour les jeunes personnes. in-12. 1 »

Ce volume contient : La Gouvernante. — L'Epreuve. — La Femme du monde. — Les Dangers de l'indiscrétion. — Marie la Savoyarde.

Le Présent le plus agréable au Ciel, suivi de Jenny, comédie, et de Marie, ou l'Amour filial, drame. in-12. » 75

Drames et Proverbes. in-18. . . . » 30

Ce vol. contient : Un Trait de bienfaisance de Mgr d'Apchon. — La Maîtresse de maison, proverbe. — Le Prix du temps.

Les Fraises et le Petit Ramoneur. in-18. . . » 30

Le Prix de sagesse, et Rose et Lucie. in-18. . » 30

Nouveaux Essais dramatiques et moraux. in-18. » 30

Ce volume contient : Le Charlatan. — Fanchette et Malvina.

Le Progrès des lumières, suivi d'*Eleuthère*, ou *la Chambre à louer*. in-18. . . . » 30

Chacun son métier. in-18. . . . » 30

La Nuit porte conseil. in-18. . . . » 30

Qui vivra verra. — Point de fumée sans feu. — Le Bouquet qui ne se flétrit pas. in-18. . . . » 30

On récolte ce qu'on a semé, suivi de *Vertu passe richesse*. in-18. . . . » 30

Un Bienfait n'est jamais perdu, suivi de *la Rosière* et d'un Dialogue. in-18 . . . » 30

Ernestine, ou Pour bien commander il faut savoir obéir, suivie de *Jacqueline*. in-12. . . . » 50

La Maîtresse du logis, drame en deux actes, par Marie Emery. in-12. . . . » 50

Le Vase de fleurs, suivi de *les Gourmands* et de *la Susceptibilité* in-12 . . . » 50

ESSAIS DRAMATIQUES

ET MORAUX

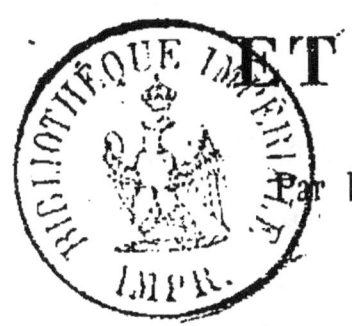

Par l'auteur de F<small>LORENCE</small>,

ET Melle E.. P.

TROISIÈME ÉDITION.

LILLE

L. LEFORT, IMPRIMEUR - LIBRAIRE

M D CCC LXI

Tous droits réservés.

PERSONNAGES :

Mme la marquise de Merville, mère de Félicie.
Melle Félicie de Merville, orgueilleuse.
Mme Valmont, gouvernante de Félicie.
Charlotte Frémont, sœur de lait de Félicie.
Mère Lucas, meunière.
Perrette, fille de mère Lucas.
Mme Fabry, orfèvre.
Mère Rustique, jardinière de Mme de Merville.
Sœur Colette, religieuse hospitalière.
Françoise, domestique de Mme de Merville.

La scène est au château de Mme de Merville.

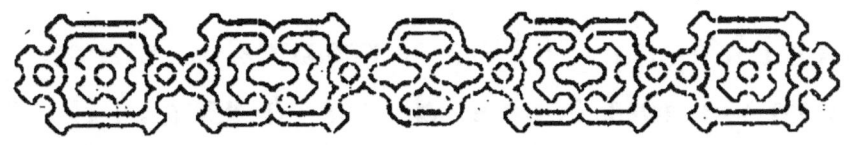

FÉLICIE ET CHARLOTTE

OU

L'ORGUEIL PUNI ET LA VERTU RÉCOMPENSÉE

ACTE I

Le théâtre représente un salon : on voit des chaises, une table de toilette, quelques livres et une belle glace.

SCÈNE I

FÉLICIE *seule, extrêmement parée, avec orgueil*

Qu'on est heureuse d'être riche et d'une naissance illustre comme moi ! qu'il y a de plaisir à pouvoir contenter tous ses goûts et toutes ses fantaisies ! Fi ! de ces vilaines paysannes ! cela vous a une tournure grossière... Cela ne sait pas les finesses du beau langage. (*Elle se regarde au miroir et arrange une boucle de ses cheveux.*) Quand on sent de qui on est née, et que l'on sait que l'on aura un jour cent mille francs de rente, on n'a pas besoin, comme dit ma gouvernante, de travailler; on laisse cela aux petites bourgeoises. (*Elle range de nouveau ses cheveux, et dit :*) Cette boucle serait beaucoup mieux comme cela, je crois.

SCÈNE II

FÉLICIE, CHARLOTTE, PERRETTE

CHARLOTTE *faisant la révérance*

Comme nous avons su, mademoiselle, que vous étiez d'hier ici, nous avons cru devoir venir vous présenter nos respects comme à notre maîtresse.

PERRETTE *un panier de noisettes dans le bras*

Mam'selle, j'avons l'honneur...

FÉLICIE *avec humeur*

Que voulez-vous, petites ?

PERRETTE

Mam'selle, comme j'avons appris que v'étiez rendue d'hier au châtiau avec Mme la

Marquise, not'bonne et excellette maîtresse, j'sommes venues pour avoir l'honneur de vous saluer.

FÉLICIE *de même*

Allez, allez ; cela ne pressait guère, et ce n'était pas la peine de venir m'interrompre pour cela.

PERRETTE

Pardon, mam'selle ; mais j'voulions v'offrir ce p'tit pénier de noisettes, j'les avons cueillies à c'matin tout exprès pour vous.

CHARLOTTE

Et moi, je me faisais un bonheur de vous voir : car vous ne savez peut-être pas que j'ai l'honneur d'être votre sœur de lait. Mme la marquise vous plaça à votre naissance chez ma mère, et nous avons été élevées ensemble. Ma pauvre mère ! hélas ! j'étais bien jeune encore quand elle est morte ! (*Elle essuie ses larmes.*)

FÉLICIE *impatientée*

Allez, allez, petites, ne m'importunez pas davantage. (*A Perrette avec dédain:*) Et vous, remportez vos noisettes. (*Elles sortent.*)

SCÈNE III

FÉLICIE *seule*

A-t-on vu deux villageoises plus sottes que cela !..... Elles croyaient vraiment me faire grand plaisir en venant me voir et en m'apportant leurs noisettes ! comme si l'on s'abaissait à parler à de telles gens et à recevoir rien de ces paysannes. Je ne sais qui m'a tenue que je ne les aie renvoyées encore plus vite... Aussi c'est ma mère qui gâte tout ce monde-là ! Elle est envers ces paysans d'une bonté, d'une affabilité qui dégénère en bassesse. Ah ! ce n'est pas moi qui me serais laissée entourer comme elle hier à notre arrivée, qui aurais voulu embrasser l'une, tendre la main à l'autre, promettre d'aller visiter celle-là dans sa chaumière.... Que sais-je, moi ? il faut savoir mieux tenir son rang que cela ! Mais voici ma gouvernante.

—

SCÈNE IV

FÉLICIE, Mme VALMONT

FÉLICIE

Vous me voyez, madame, dans une

étrange colère ! croiriez-vous que tandis que j'étais occupée à faire ma toilette, deux petites villageoises sont venues m'interrompre par leur sot bavardage ? aussi comme je vous les ai congédiées !

Mme VALMONT

Vous avez peut-être eu tort : car enfin...

FÉLICIE *avec colère*

Comment tort ? ah ! vraiment j'aime à voir que vous donniez raison à ces villageoises, et que vous me donniez tort à moi ! vous auriez voulu sans doute que j'eusse été bien flattée de recevoir la visite de la fille d'une meunière et celle d'une autre petite sotte qui se dit ma sœur de lait, je ne sais trop pourquoi ?

Mme VALMONT *avec soumission*

Je ne dis pas cela : mais....

FÉLICIE

Mais vraiment je le crois ! j'aurais dû accepter les noisettes de cette paysanne !... Mais dites-moi seulement, madame, quelle est cette prétendue sœur de lait qui se fait tant d'honneur de cela ?

Mme VALMONT

Je ne sais pas au juste son histoire. Comme

elle ne sert chez le jardinier que depuis trois mois, et que nous sommes fraîchement arrivées, je n'en ai guère entendu parler. Au bourg on dit qu'elle est la fille d'un assez mauvais sujet, nommé Frémont; que c'est à l'épouse de ce Frémont que Mme la marquise vous donna en nourrice ; que cette femme vous éleva avec sa fille Charlotte ; que votre nourrice étant venue à mourir, Frémont fut obligé de quitter le pays à cause de ses vols, et que Charlotte Frémont se trouvant ainsi orpheline, elle fut confiée à une dame qui voulut bien se charger d'elle ; que cette dame étant morte aussi, Charlotte, à l'âge de douze ans, fut réduite à se mettre en service... On ne dit pas, au reste, trop de bien de cette petite personne : on la dit méchante, voleuse même comme son père.

FÉLICIE

Que j'ai donc bien fait de la renvoyer !

Mme VALMONT

Mais, mademoiselle, voudriez-vous prendre votre leçon de grammaire ? nous passerions ensuite à la géographie, puis à l'histoire ; et...

FÉLICIE *avec hauteur*

Passez à ce que vous voudrez, madame, moi je me passerai bien de toutes ces connaissances-là. Je ne suis pas d'humeur à étudier aujourd'hui. J'aime bien mieux finir ce joli roman que j'ai commencé l'autre jour.

Mme VALMONT *avec douceur*

Comme vous voudrez, ma bonne amie : je ne veux vous contrarier en rien.

FÉLICIE

Je l'entends bien de même, et ce n'est pas pour me contrarier que je vous souffre à mon service. Vous pouvez vous retirer, je vais finir mon roman. (*Mme Valmont sort. — On baisse la toile.*)

ACTE II

Le théâtre représente la chambre d'un villageois.

SCÈNE I

MÈRE RUSTIQUE, CHARLOTTE *un balai à la main*

MÈRE RUSTIQUE *à Charlotte qui a l'air rêveur*

Allons, allons, à quoi que tu rêves donc là ? j'ne t'ai pas pris à mon service pour rester là droite comme un piquet. Sans moi tu n'aurais seulement pas un morceau de pain. Mais si j'te l'donnons, faut q'tu le gagnes d'abord. Allons, faut vitement balayer c'te chambre, et pis après le grenier, et pis, quand t'auras fait, faudra planter nos choux, arroser nos laitues.... Alle rêve toujours !... Quoiqu't'as donc à penser comme ça ?

CHARLOTTE

Je pensais à la joie que Mme de Merville avait de revoir hier ses gens, et à la bonté avec laquelle elle leur parlait.

ACTE II. SCÈNE I

MÈRE RUSTIQUE

T'as donc remarqué ça, toi, drôlière ? mais voyez donc, est-ce que tu l'y aurais parlé, et sans ma permission encore ?

CHARLOTTE

Non, ma maîtresse ; mais je serais bien contente de lui parler comme les autres. Elle paraît si bonne !

MÈRE RUSTIQUE

Ah, n't'en avise pas ! si Mme la marquise savait que t'es la fille de c' gueux, de c'coquin de Frémont, tu n'serais pas vingt-quatre heures ici, va ! et moi p' t'être que j' serais blâmée d' t'avoir retiré cheuz nous. Ainsi n' t'avis' pas d' l'y parler ; ça ne serait pas à ton avantage, entends-tu ?

CHARLOTTE

Vous croyez donc qu'elle me ferait porter la peine des fautes de mon père, et qu'elle me punirait pour les crimes qu'il peut avoir commis ? elle est trop juste pour cela.

MÈRE RUSTIQUE

Ten, n' m'échauffe pas tant les oreilles de toutes tes raisons : ça s'passerait p't'être mal pour toi ; je n'sais pas pu commode qui n' faut, tu sais ben. Allons, c'est assez et trop jaser ; continue ton ouvrage, et va vite faire c' que j' t'ai dit. Que j' ne répète pas deux fois ; moi j' m'en vas travailler de mon côté. (*Elle sort.*)

—

SCÈNE II

CHARLOTTE *seule*

Que je suis malheureuse ! comment pourrai-je parvenir à parler à Mme la marquise ? oh ! si je pouvais seulement me faire connaître à elle, sans doute elle aurait compassion de moi. Non, quoi que m'en ait pu dire tout à l'heure mère Rustique, non, une aussi bonne dame que l'est Mme de Merville, ne voudrait pas me punir des fautes de mon malheureux père. Me voilà réduite à avoir à peine un morceau de pain noir après avoir travaillé la journée entière. Encore suis-je exposée à de mauvais traitements continuels. Mais, ô mon Dieu, je ne désespère point : je mets toute ma confiance en vous. Vous n'abandonnerez jamais celui qui espère en vos bontés... Si je ne puis parler à Mme la marquise, je voudrais au moins (*elle tire une lettre de sa poche*) lui faire remettre cette lettre que je lui ai écrite avant-hier à la dérobée, dans le grenier. Oh! si mère Rustique m'avait vue, je serais perdue. (*Elle remet la lettre dans sa poche et continue à balayer.*)

SCÈNE III

Mme DE MERVILLE, CHARLOTTE

Mme DE MERVILLE *en entrant*

Que j'aille voir un peu cette bonne mère Rustique et... (*Elle trouve Charlotte seule.*) Eh bonjour, ma petite! qui êtes-vous donc?

CHARLOTTE *avec timidité*

Je suis la servante de votre jardinière, madame.

Mme DE MERVILLE

Comment, vous demeurez au château, et je ne vous ai pas vue! vous étiez donc absente hier soir, à mon arrivée, lorsque tous les gens de ma maison ont paru devant moi?

CHARLOTTE

Si j'avais osé, madame, je me serais

réunie à eux pour vous offrir mes vœux et l'hommage de mon respect. Mais on m'a effrayée, on m'a fait craindre....

Mme DE MERVILLE *avec vivacité*

Eh ! que pouvait-on vous faire craindre ?

CHARLOTTE

Que vous ne punissiez sur moi des fautes que je n'ai pas commises, et que je voudrais effacer de mon sang.

Mme DE MERVILLE

Que voulez-vous dire ? expliquez-vous.

CHARLOTTE *présente sa lettre*

Ayez la bonté de lire cette lettre, madame... Puisse-t-elle vous inspirer un peu de compassion pour une malheureuse enfant.... (*Elle veut se retirer.*)

Mme DE MERVILLE

Un moment !... qui m'a écrit cette lettre ?

CHARLOTTE

Moi, madame, dans un instant où je n'espérais pas jouir du bonheur de vous voir.

Mme DE MERVILLE

Quoi ! vous savez écrire ?

CHARLOTTE

Oui, madame, et vous n'en serez pas surprise quand vous saurez qui je suis, et que vous connaîtrez le nom de la personne bienfaisante qui a pris soin de mon enfance.

Mme DE MERVILLE

Adieu, aimable enfant, je vais lire votre lettre ; continuez votre ouvrage : Dieu ne vous abandonnera pas.

CHARLOTTE

J'ai toujours mis ma confiance en sa bonté paternelle, madame ; il est le père des orphelins.... Non, il ne m'abandonnera pas ! J'ai l'honneur de vous offrir mes très-humbles respects. (*Elle salue avec grâce et continue son ouvrage. — Mme de Mervilla sort. — On baisse la toile.*)

ACTE III

Le théâtre représente de nouveau le salon; Mme de Merville lit tout bas la lettre de Charlotte.

SCÈNE I

Mme DE MERVILLE *après avoir lu*

Oui, je la reconnais maintenant et je me la rappelle. Il y a si longtemps que je ne l'avais vue que ses traits m'avaient échappé. C'est bien l'enfant de cette pauvre Frémont, la nourrice de ma fille Félicie. Quelle aimable enfant! quelle noble figure sous de simples habits de paysanne! quels beaux sentiments! (*Elle regarde la lettre.*) Quelle belle écriture! quel joli style! Non, ma fille n'est pas capable d'écrire si bien que cette Charlotte. Ma fille!... Ah! je ne m'en aperçois que trop : elle n'aime que la vanité, le luxe, la toilette. Tout ce qui lui semble au-dessous d'elle, elle le méprise; son orgueil me désole. Et cependant que n'ai-je pas fait pour son instruction! si je n'ai pu y veiller moi-même, à cause de l'embarras que me donne l'administration de mes biens, depuis la mort de M. de Merville, au moins l'ai-je confiée à une excellente gouvernante, à ce que je crois ; je ne pense pas qu'elle puisse être en meilleures mains. (*Elle écoute.*) Mais j'entends quelqu'un.

SCÈNE II

Mme DE MERVILLE, MÈRE LUCAS

Mme DE MERVILLE

Ah ! c'est vous, mère Lucas.

MÈRE LUCAS *faisant la révérence*

Oui, madame, pour vous servir.

Mme DE MERVILLE

Qu'y a-t-il donc, ma bonne mère ? que désirez-vous ? vous paraissez bien affligée.

MÈRE LUCAS

Madame, comme j'savons que vous êtes une bonne dame du bon Dieu, ben charitable, et que quand vous v'nez dans vote châtiau, tout un chacun a recours à vous et qu'vous ne r'butez personne, j'étais venue vous prier de v'nir voir ma p'tite fille Louison qu'est ben malade. J'avions d'mandé le médecin, il n'est pas encore arrivé. Mais vous, madame, vous pourriez p'têtre, si c'était un effet de vote bonté, nous enseigner quelques p'tits remèdes qui l'y f'raient du bien.

Mme DE MERVILLE

Oui, mère Lucas, j'irai voir votre petite Louison, je m'en ferai même un grand plaisir. Nous la guérirons, je l'espère. Je vais appeler ma fille, et nous allons....

MÈRE LUCAS *l'interrompant*

Ah! madame la marquise, n'en parlez pas à mademoiselle Félicie, je vous en prie.

Mme DE MERVILLE

Et pourquoi, mère Lucas, s'il vous plaît?

MÈRE LUCAS

Madame, c'est que.... Mais j'n'osons pas vous l'dire : ça vous f'rait de la peine.

Mme DE MERVILLE

Je veux que vous me le disiez; je le veux absolument.

MÈRE LUCAS

Madame, c'est que.... c'est que j'ai trouvé mam'selle votre fille au bas de l'escalier :

j'y ai bonnement dit que j'venais pour vous prier de v'nir voir ma p'tite Louison, et alle m'a un p'tit chouse rudayée.

Mme DE MERVILLE *avec peine*

Faut-il que Félicie ait tant d'orgueil! Que cette enfant me fait de peine!

MÈRE LUCAS

J'vous l'avais ben dit, madame, q'ça vous f'rait du chagrin!.... Mais c'est si jeune, ça se corrigera, et ça aura un jour un aussi bon cœur comme vous, madame.

Mme DE MERVILLE

Ah! fasse le Ciel!

MÈRE LUCAS *faisant la révérence*

Adieu, madame.

Mme DE MERVILLE

Attendez, mère Lucas; vous pourriez peut-être me donner quelques renseignements sur une affaire qui m'occupe. Que pensez-vous, dites-moi, d'une petite fille que je viens de trouver un balai à la main chez ma jardinière?

MÈRE LUCAS

C'est sans doute la petite Charlotte que madame veut dire?

Mme DE MERVILLE

Justement. Eh bien ! qu'en pensez-vous ?

MÈRE LUCAS

C'que j'en pense, madame ? C'est que c'est une enfant qui vaut son pesant d'or. N'y en a pas de meilleure dix lieues à la ronde. Ça aime ben l'bon Dieu : c'est doux comme un mouton, et travailleuse, faut voir ! sa maîtresse n' l'a traite pas trop ben, j'm'en suis ben aperçue. Eh ben, ça souffre tout, ça n'répond jamais.

Mme DE MERVILLE

Et d'où la connaissez-vous donc si bien ?

MÈRE LUCAS

Avant q'd'être meunière, madame, j'étais en service chez Mme Dumont. Oh ! la bonne femme que ça faisait que c'te Mme Dumont ! Et c'est elle qui a élevé Charlotte quand sa mère est morte. Elle en a fait une bonne fille toujours ! Mais dame ! aussi, Charlotte y a ben rendu. Quand Mme Dumont a été malade, c'était des soins, des attentions, ah ! fallait voir ! elle l'aimait comme une mère ! quoi donc ! La pauvre petite, si Mme Dumont eût vécu plus longtemps, ne serait pas réduite à être aujourd'hui en service : alle ne l'avait pas élevée pour ça !

Mme DE MERVILLE

En voilà assez : allez, mère Lucas, et soyez sûre que dans quelques heures je me rendrai chez vous, et verrai votre petite Louison.

MÈRE LUCAS *faisant la révérence*

J'vous s'rai ben obligée, madame. (*Elle sort.*)

—

SCÈNE III
Mme DE MERVILLE *seule*

Cette enfant m'intéresse au dernier point. Son maintien, sa jolie figure et plus que tout cela ses beaux sentiments, et une excellente éducation qu'elle cache sous des habits grossiers, tout cela me touche sensiblement. Le bien qu'on me dit d'elle me ravit... J'aurais envie de la donner pour femme de chambre à Félicie. Peut-être par sa douceur, sa piété, sa vertu, ses bons exemples, parviendrait-elle à corriger ma fille ; il faut que je la fasse venir. Si la mère Lucas n'était pas encore loin... (*Elle va à la coulisse et dit :*) Mère Lucas ! mère Lucas !

MÈRE LUCAS *sans paraître*

Plaît-il, madame.

Mme DE MERVILLE

Avertissez de ma part Charlotte Frémont qu'elle vienne me trouver ici.

MÈRE LUCAS *sans paraître*

Oui, madame, j'vas l'y dire tout de suite.

—

SCÈNE IV

Mme DE MERVILLE, CHARLOTTE

(*Mme de Merville se promène en attendant ; Charlotte fait la révérence en entrant.*)

Mme DE MERVILLE

Venez, ma chère petite : j'ai lu votre lettre, elle m'a rendue sensible à vos peines : je veux les adoucir. Il paraît que Mme Dumont, votre bienfaitrice, n'a pas négligé votre instruction.

CHARLOTTE

Elle a soigné mon éducation, comme l'aurait fait la meilleure des mères.

Mme DE MERVILLE

Mère Lucas m'a dit que vous vous êtes

conduite comme un ange envers votre bienfaitrice. Elle m'a cité de vous des traits qui me donnent une grande opinion de la bonté de votre cœur. Dites-moi franchement ce que vous désirez que je fasse pour vous ?

CHARLOTTE

Je voudrais seulement, madame, par votre protection, entrer dans une maison honnête, en qualité de femme de chambre. Je sais travailler passablement.

Mme DE MERVILLE

Vos talents se bornent-ils à savoir travailler ?

CHARLOTTE

J'en ai quelques autres, madame, dont je ne parle pas, parce qu'ils me deviennent inutiles.

Mme DE MERVILLE

Quels sont donc ces talents?

CHARLOTTE

La musique et le dessin.

Mme DE MERVILLE

Vous les jugez inutiles ! eh bien, moi je crois au contraire qu'ils vous seront très-nécessaires dans la maison où je veux vous placer... Cette maison, c'est la mienne ; je vous mettrai auprès de ma fille.

CHARLOTTE

Ah! madame! que je suis heureuse!!!

Mme DE MERVILLE

Pas si heureuse que vous vous l'imaginez, mon enfant. Félicie est entière dans ses volontés, d'un caractère fier, difficile. Mais j'espère que votre piété, votre douceur, vos vertus, lui feront du bien, et qu'elle vous traitera plus en amie qu'en femme de chambre. Vous êtes sa sœur de lait, vous avez des droits à son attachement et à mes bienfaits.

CHARLOTTE

Je vous promets, madame, d'employer tous mes soins à me rendre digne de vos bontés et de celles de Melle de Merville.

Mme DE MERVILLE

Cela suffit, allez, ma petite ; demain votre chambre sera prête au château. Dès ce moment allez trouver Françoise ; elle va vous habiller d'une manière convenable pour être présentée à ma fille. Hâtez-vous ; je vous ferai appeler quand il sera temps. (*Charlotte sort.*) Je vais, pendant ce temps, préparer ma fille à bien recevoir sa nouvelle femme de chambre.... En vérité, cette jeune fille me charme, m'étonne, me ravit; que d'esprit, que d'amabilité, et surtout que de modestie dans ses réponses ! non il est impossible qu'un tel exemple ne soit pas profitable à ma fille. Mais j'entends Félicie qui vient.

SCÈNE V

Mme DE MERVILLE, FÉLICIE

Mme DE MERVILLE *à Félicie qui entre.*

Tu viens fort à propos, ma fille; je t'ai trouvé une femme de chambre.

FÉLICIE

Eh pourquoi, maman? je n'en voulais prendre qu'à Paris; celles de la campagne sont si gauches, si maladroites, que je ne pourrais jamais m'en accommoder.

Mme DE MERVILLE

Je t'en ai choisi une qui te plaira sûrement. Elle a des talents, de l'esprit, de l'instruction. Elle est en un mot digne de nos bontés et de ton amitié. Elle est là, dans la chambre voisine; elle s'habille. Je vais l'appeler. (*Elle va à la coulisse et dit :*) Charlotte, venez.

———

SCÈNE VI

Mme DE MERVILLE, FÉLICIE, CHARLOTTE *entre*

FÉLICIE *avec dédain*

Quoi ! c'est cette belle demoiselle si bien parée ? vraiment on la prendrait plutôt pour la maîtresse que pour la femme de chambre ! je n'en veux point.

Mme DE MERVILLE

Cette enfant tient de moi l'habillement simple dont elle est revêtue. Mais il faut peu de choses pour orner une figure si intéressante.

FÉLICIE *avec humeur*

Eh bien, maman, prenez-la pour vous puisqu'elle vous plaît tant ; pour moi, je n'en veux point.

Mme DE MERVILLE

Vous m'indignez ! Charlotte est votre sœur de lait, et vous la refusez !

FÉLICIE

Ma sœur de lait !.... la fille d'un fripon !

voilà, un beau choix que vous avez fait! je ne la prendrai pas, je n'en veux point.

Mme DE MERVILLE *avec dignité*

Ou vous prendrez Charlotte à votre service, ou vous encourrez mon indignation.

FÉLICIE *avec fureur, frappant du pied*

Serait-il possible que j'encourusse votre indignation pour une petite marionnette, pour une bégueule, pour une voleuse, pour... (*Elle sort.*)

SCÈNE VII

Mme DE MERVILLE, CHARLOTTE

CHARLOTTE *pleurant*

Ah! madame! ne serais-je venue ici que pour troubler votre repos? plutôt mourir.

Mme DE MERVILLE

Ne pleurez pas, Charlotte; je vous l'ai promis, je vous soutiendrai.

CHARLOTTE

O la plus généreuse des femmes! quoi! je troublerais votre bonheur, votre paix! Ah jamais! renvoyez-moi plutôt.

Mme DE MERVILLE

Je ne vous renverrai pas; je ne cèderai

pas aux caprices d'une orgueilleuse, d'une extravagante. Ma fille sera sûrement allée trouver sa gouvernante, et j'espère que Mme Valmont lui fera entendre raison. Retirons-nous, et soyez tranquille. (*Elles sortent.*)

SCÈNE VIII
FÉLICIE, Mme VALMONT

FÉLICIE *entrant seule*

Il faut que j'aille trouver ma gouvernante, que je lui raconte.... Mais la voici ! (*Apercevant Mme Valmont.*) Il vient, madame, de se passer une scène assez désagréable entre maman et moi. Mais je ne lui ai pas cédé, et je ne lui céderai pas.

Mme VALMONT

Qu'est-ce donc, s'il vous plaît ?

FÉLICIE

Croiriez-vous, ma bonne, que maman s'est mise en tête de me donner pour femme de chambre cette petite sotte de Charlotte ?

Mme VALMONT

Cela n'a pas le sens commun, il est vrai; mais enfin, pour ne pas irriter votre maman, il vaudrait mieux l'accepter.

FÉLICIE

Quoi ! une bégueule qui examinera toutes nos démarches, qui rapportera tout à maman. Je ne pourrais pas lire un roman, recevoir ici personne sans craindre d'être épiée. Non vraiment je ne la prendrai pas.

Mme VALMONT

Ecoutez, mademoiselle : j'ai autant d'intérêt que vous à ce qu'elle ne prenne pas un pied dans la maison. Cependant, croyez-moi, ayez l'air de revenir de votre erreur, et de donner dans les idées de votre maman.... Je saurai bien vous en débarrasser, et j'en dégoûterai Mme de Merville pour toujours. Ainsi, prenez-la à votre service ; mais en l'acceptant, lancez quelques soupçons sur sa fidélité. Dites que vous craignez qu'elle ne tienne de son père, qu'elle ne soit voleuse comme lui, et que, sous un maintien hypocrite, elle ne cache une âme vicieuse. Quant à moi, je vous promets que demain matin au plus tard, elle ne sera plus ici. Envoyez d'abord Charlotte faire quelques commissions chez la marchande de modes, chez le libraire du coin, et surtout chez Mme Fabry, orfèvre.

FÉLICIE

Pourquoi cela, madame?

Mme VALMONT

Vous le saurez plus tard : rapportez-vous-en à moi. (*Elle sort.*)

SCÈNE IX

Mme DE MERVILLE, FÉLICIE

Mme DE MERVILLE *en entrant*

Eh bien, ma fille, avez-vous fait vos réflexions ?

FÉLICIE

Oui, maman, je suis décidée à prendre Charlotte, puisque vous le voulez. Je vous avoue que je ne sais trop si nous n'en serons pas dupes. Je crains que Charlotte ne ressemble à son père. On ne dit pas trop de bien, au bourg, de cette jeune fille.

Mme DE MERVILLE

Ne crains rien, ma fille, les principes d'honneur et de religion dans lesquels on l'a élevée, sont un sûr garant de sa conduite. Quant à ce qu'on peut dire de mal de Charlotte, ce sont des propos auxquels il ne faut pas s'arrêter. Car souvent, ma fille, la vertu la plus pure est la plus calomniée.

FÉLICIE

Enfin, maman, nous verrons. Ayez la bonté de me l'envoyer.

Mme DE MERVILLE

J'y vais de suite. (*Elle sort.*)

SCÈNE X

FÉLICIE, CHARLOTTE

FÉLICIE

Entrez, Charlotte; je vous prends à mon service; j'espère que vous me conviendrez. Allez dans ma chambre, mettez-y tout en ordre; vous irez ensuite chez Mme Luce, ma marchande de modes, chercher mon chapeau bleu; de là vous passerez chez M. Belluot, mon libraire, pour lui remettre ce livre (*elle lui donne un livre*), et puis enfin chez Mme Fabry, l'orfèvre, pour lui demander son mémoire. Après cela vous nettoierez le salon.

CHARLOTTE

Oui, mademoiselle, je ferai tout mon possible pour vous contenter. (*Elle sort.*)

FÉLICIE

Et moi, je me débarrasserai de toi, dès ce soir, si je peux.

SCÈNE XI

FÉLICIE, Mme VALMONT *entre avec* Mme FABRY

Mme VALMONT

Voilà précisément notre affaire, mademoiselle. Ma cousine, l'orfèvre veut bien nous aider à nous débarrasser de notre bégueule.

FÉLICIE

Mais comment cela?

Mme VALMONT

Rien de plus facile. Nous allons confier à Mme Fabry vos diamants, vos bagues et votre chaîne d'or. Elle dira qu'une jeune personne est venue les lui vendre ; qu'elle a eu la faiblesse de les acheter de peur qu'ils ne fussent vendus à un autre orfèvre qui ne les aurait ni reconnus ni rendus. On soupçonnera Charlotte d'avoir fait le coup ; on en donnera même des preuves, et votre maman, indignée d'une telle conduite, fera renfermer Charlotte par précaution, et nous serons débarrassées d'elle.

Mme FABRY

Laissez-moi conduire cette affaire, et soyez sûre que mon zèle vous servira bien.

ACTE III. SCÈNE XI

FÉLICIE

Je vais chercher mes diamants, ma chaîne et mes bagues. (*Elle sort.*)

Mme FABRY

Ce que je fais là, ma cousine, me coûte beaucoup, je vous assure, et, si ce n'était le désir de vous être utile, je vous avoue que je ne me prêterais pas à cette intrigue. Perdre une jeune fille innocente! vraiment, ma conscience...

Mme VALMONT

Mettez de côté les vains scrupules, et pensez au service que vous me rendez comme aux avantages qui en résulteront pour vous. En chassant Charlotte d'ici, nous gagnons l'une et l'autre les bonnes grâces de mademoiselle de Merville, et elle saura bien nous en récompenser !

FÉLICIE *rentre*

Tenez, voici mes diamants (*présentant une bourse*), et voici pour votre récompense. Rendez-vous promptement chez vous, passez par la porte du parc, afin qu'on ne vous soupçonne pas d'être venue ici. (*Elle sort.*) Sortons aussi, madame ; Charlotte va arriver incessamment du bourg; il ne faut pas qu'elle nous trouve ici.

—

SCÈNE XII

CHARLOTTE *entre, un chapeau bleu à la main, avec un papier; elle pose l'un et l'autre sur la table.*

Voilà le chapeau de mademoiselle; elle en sera contente, je crois, il est charmant. Voilà aussi le mémoire de madame Fabry. (*Elle le pose sur la table.*) Bien ! c'est tout, je crois... oui... je vais continuer là-haut mon ouvrage. (*Elle sort.*)

—

SCÈNE XIII

FÉLICIE *d'abord seule, puis* Mme VALMONT *et* Melle DE MERVILLE.

FÉLICIE *seule, avec un air affligé*

Où sont mes diamants? où sont mes diamants? où est ma chaîne de montre? où sont mes bagues? tout cela a disparu. Madame Valmont, madame Valmont !..... Elle ne vient point ! ô ciel, quelle perte !

Mme VALMONT *accourt, jouant l'étonnement*

Qu'est-ce, mademoiselle ? Qu'y a-t-il donc ?

FÉLICIE

Mes diamants, madame, mes anneaux, ma chaîne d'or, tout a disparu.

Mme VALMONT

Comment, mademoiselle ? mais c'est incroyable... (*Finement à demi-voix :*) Continuez votre rôle, vous le jouez à merveille, votre maman y sera prise, j'en suis sûre. Tenez, la voici qui accourt au bruit.

Mme DE MERVILLE

Qu'y a-t-il donc, ma fille ? qu'est-ce tout ce bruit que j'entends ?

FÉLICIE

Il y a, maman, que tous mes anneaux, mes diamants, ma montre ont disparu depuis hier soir.

Mme DE MERVILLE

Mon Dieu ! que pourrait-ce être ?

FÉLICIE

Je n'en sais rien. Tous nos domestiques

nous sont connus depuis longtemps ; il n'y a que cette Charlotte....

Mme DE MERVILLE *avec horreur*

Serait-il possible qu'elle eût eu un tel malheur ? Non, je n'ose la soupçonner même. Allez, madame Valmont, sans perdre de temps ; adressez-vous au commissaire de police, et voyez chez tous les orfèvres du bourg, s'ils n'ont point connaissance de ce vol. Je vais monter dans ma chambre, Charlotte y est, je vais l'interroger : Félicie restera ici à vous attendre, nous allons chercher partout de notre mieux.

SCÈNE XIV

FÉLICIE *seule, avec une joie maligne*

Charlotte n'échappera pas !..... je serai enfin délivrée de cette petite paysanne.... ah ! elle voulait être ma femme de chambre malgré moi, pour m'espionner, me contrecarrer sur toutes choses... non, ma petite, il n'en sera pas ainsi. On vous renverra à votre village, d'où vous n'auriez jamais dû sortir..... Mme Valmont ne revient pas vite... Au fait, il faut lui donner le temps. (*Elle va à la coulisse.*) Je ne l'aperçois pas encore... (*Elle revient, sourit malignement.*) Cela me fait rire de penser que Charlotte ne couchera pas ce soir ici. (*Elle écoute.*) Non, ce n'est pas Mme Valmont. (*Elle écoute encore.*) C'est bien elle ; c'est son pas ; voyons.

SCÈNE XV

FÉLICIE, Mme VALMONT, *peu après* Mme DE MERVILLE

FÉLICIE *à* Mme *Valmont*

Eh bien !

Mme VALMONT

Tout va au mieux : appelez votre maman.

FÉLICIE *va à la coulisse*

Maman, maman, voici Mme Valmont. (*A Mme de Merville qui entre :*) Eh bien, maman ! avez-vous trouvé quelque chose ?

Mme DE MERVILLE

Hélas, non, ma fille ; j'ai bien questionné Charlotte ; je l'ai menacée ; je lui ai promis le pardon si elle avouait, je n'ai rien découvert. Au contraire, ses réponses ingénues et naïves me font croire qu'elle est innocente.

Mme VALMONT *avec assurance*

Eh bien ! madame, il n'est que trop vrai que Charlotte est notre voleuse. Voici le procès-verbal du commissaire de police qui en fait foi. (*Elle lui donne un papier.*)

Mme DE MERVILLE *lit tout haut.*

Hem !... hem !... hem... « Laquelle fille s'est présentée en habit de femme de chambre, croyant ne pas être connue de Mme Fabry, et lui a offert de lui vendre une chaîne d'or et une montre, trois anneaux et quelques diamants, qu'elle a dit que ses maîtres, qui ne voulaient pas être connus, lui avaient confiés pour être vendus, parce qu'ils étaient sur le point de s'embarquer pour l'Amérique ; que Mme Fabry ayant bien reconnu la nommée Charlotte Frémont, qu'elle avait vu servir en habits de paysanne chez Mme Rustique, jardinière du château de Mme de Merville, Mme Fabry s'est doutée que lesdits objets susmentionnés appartenaient à Mme de Merville, elle les a achetés pour les lui rendre, et a fait dresser promptement, de tout ce, procès-verbal.... »

O Ciel ! qui l'aurait cru ? de si beaux sentiments avec une telle conduite !.... (*Elle relit.*) Elle les a vendus aujourd'hui même à Mme Fabry, orfèvre, qui l'a bien reconnue. C'est positif !

Je ne veux pourtant pas perdre cette enfant en donnant suite à cette affaire. A quinze ans, elle peut encore se corriger. Je vais la faire enfermer, pour quelques mois, dans la maison de correction que tiennent nos sœurs hospitalières. Allons, il n'y a pas à délibérer. Il faut que j'écrive à la supérieure.

(*Elle s'assied et écrit. Pendant ce temps, Félicie et Mme Valmont se font des signes de joie.*)

Mme DE MERVILLE *à Mme Valmont*

Appelez Françoise.

Mme VALMONT *à la coulisse*

Françoise ! Françoise !

FRANÇOISE *accourt*

Madame !

Mme DE MERVILLE

Dites à Picard qu'il attèle tout de suite les

chevaux à ma voiture, qu'il fasse monter dedans Charlotte, qu'il la conduise à la maison de correction du carrefour Saint-Pierre (*lui donnant une lettre*), et qu'il remette lui-même cette lettre à la supérieure ; allez tout de suite. (*Elle sort. — A Mme Valmont et à sa fille :*) Retirez-vous ; je vais aussi passer dans ma chambre. J'ai besoin d'être seule ! (*On baisse la toile.*)

ACTE IV

Le théâtre représente une grille : dans l'intérieur on voit Charlotte seule en habit de pénitente sur une mauvaise escabelle, près d'une petite table, tremper son pain dans un peu d'eau en soupirant. Un Christ est attaché au mur de la chambre.

―◆―

SCÈNE I

CHARLOTTE *en soupirant*

Mon Dieu ! que je suis malheureuse ! me voilà seule ici, renfermée dans une maison de correction !... et quel crime ai-je commis ? c'est ce que j'ignore.... à moins qu'on ne m'accuse de ce vol qui s'est fait hier au château ? mais je ne le pense pas ! une femme aussi charitable que l'est Mme de Merville ne pourrait jamais me croire capable d'une telle bassesse... je me perds en conjectures. Quoi qu'il en soit, je mets toujours ma confiance en vous, ô mon Dieu ! vous ne m'abandonnerez pas, et vous ferez connaître mon innocence. (*Elle continue à soupirer.*)

SCÈNE II

SOEUR COLETTE, CHARLOTTE

SOEUR COLETTE

Allons, ma petite, allons ; il ne faut pas vous désoler. Quand votre temps de pénitence sera passé, vous sortirez d'ici, et vous n'en serez que plus honnête fille. Car vous n'êtes pas ici pour rien, mon enfant.

CHARLOTTE

Si je savais au moins, ma mère, pourquoi je suis enfermée dans cette maison !

SOEUR COLETTE

Vous connaissez, ma fille, le crime que vous avez commis. Vous voulez affecter un air d'innocence qui ne vous réussira pas. Il serait beaucoup mieux de vous repentir de votre faute, que de chercher à vous en justifier.

CHARLOTTE *avec candeur*

Dieu, qui connaît le fond de mon cœur,

ma mère, sait bien que je n'ai aucun crime à me reprocher. De quoi m'accuse-t-on, je vous en supplie ?

SOEUR COLETTE

On vous accuse, ma fille, d'avoir volé les diamants et les bijoux de votre maîtresse.

CHARLOTTE

Ah Ciel ! (*Elle se trouve mal.*)

SOEUR COLETTE *à part*

Serait-elle coupable ? je n'ose le croire. (*Elle prend Charlotte par le bras.*) Allons, allons, ma fille, reprenez courage. (*Charlotte revient peu à peu.*) Ne me trompez-vous point, mon enfant ?

CHARLOTTE

Ah ! ma mère, je ne vous tromperai jamais. Je suis innocente de l'action indigne et méprisable dont on m'accuse. (*Elle continue à pleurer.*)

SOEUR COLETTE

Pourquoi donc ces larmes et ces sanglots ?

CHARLOTTE

C'est, ma mère, que je plains bien sincèrement Mme de Merville, d'avoir une fille aussi méchante que l'est Melle Félicie.

SOEUR COLETTE

Prenez garde, mon enfant, vous vous exprimez avec amertune.

CHARLOTTE

Oui, ma mère, cette demoiselle m'a indignement calomniée.

SOEUR COLETTE

Quoi ! vous pourriez soupçonner Melle de Merville ?

CHARLOTTE

Il y a plus que des soupçons, ma mère, il y a certitude.

SOEUR COLETTE

Et quelle certitude ?

CHARLOTTE

Je ne suis entrée au service de Melle Félicie

de Merville que malgré elle et malgré sa gouvernante. Cette demoiselle m'a lancé, dès le premier abord, un regard qui m'annonçait qu'elle voulait me perdre au plus vite. Elle m'a fait monter dans sa chambre; elle m'a ensuite donné une commission pour une dame Fabry, orfèvre, sans doute pour qu'on pût dire qu'on m'avait vue sortir de chez un orfèvre, et que je n'y étais allée que pour recevoir le prix de mon prétendu vol. Au reste, ma mère, Dieu sait tout; il fera connaître mon innocence, quand il en sera temps, si c'est sa sainte volonté.

SOEUR COLETTE

Oui, Charlotte, si vous êtes innocente, et je commence à le croire, Dieu le fera certainement connaître. Prenez patience, ma fille; je vais à l'hôpital voir un malade qui pourrait bien ne pas passer la journée. Adieu. (*Elle sort. On baisse la toile.*)

ACTE V

Le théâtre représente le salon comme plus haut.

SCÈNE I

Mme DE MERVILLE *se promenant seule avec agitation*

Non, plus j'y réfléchis, moins je puis croire que Charlotte ait fait une telle bassesse.... Cependant les apparences sont contre elle.... Mais elles sont si souvent trompeuses !... (*Elle s'arrête.*) Mon Dieu ! Charlotte pourrait-elle cacher des penchants si vils, sous des dehors si honnêtes ?... Une jeune fille si bien élevée, si aimable, si pieuse, s'abandonnerait à une passion si indigne !... Non, encore une fois, cela n'est pas croyable. Faut-il que je ne puisse savoir la vérité ! ô mon Dieu, vous seul pouvez me la faire connaître, daignez m'éclairer !... j'ai cru entendre quelqu'un.... non, c'est apparemment mon imagination trop frappée qui....

SCÈNE II

Mme DE MERVILLE, Mme FABRY

Mme DE MERVILLE *à Mme Fabry qui entre*

Ah! c'est vous, madame! eh bien, contez-moi en détail l'histoire de cette pauvre Charlotte. Je l'ai mise secrètement dans une maison de correction. Elle a bien pleuré, bien prostesté de son innocence ; cependant ce....

Mme FABRY *avec douleur*

Non, madame, elle n'est pas coupable ! c'est moi, c'est moi qui suis digne de tout votre courroux. C'est moi qui, conduite par l'appât d'un vil gain, et pour complaire à Melle Félicie et à sa gouvernante, me suis prêtée à faire passer Charlotte Frémont pour voleuse. Mais les remords de ma conscience ne me laissent plus en repos !... Cette pauvre enfant gémit, pleure, et c'est moi qui l'ai indignement calomniée. Ah ! cela me rend inconsolable ! (*Elle pleure.*)

Mme DE MERVILLE

Que me dites-vous là, madame ? Ma fille et sa gouvernante auraient conçu et exécuté un si noir projet ? que je suis à plaindre d'avoir une telle fille et de l'avoir confiée à une telle gouvernante !

Mme FABRY *aux genoux de la marquise*

Je suis confuse, madame, et sincèrement repentante ; me pardonnez-vous ?

Mme DE MERVILLE *la relevant*

Levez-vous, madame ; oui, je vous pardonne en faveur de votre aveu et de votre sincère repentir. Mais qu'on m'aille au plus tôt chercher Charlotte, que je la dédommage de l'injure que je lui ai faite. (*Elle s'assied, et dit en écrivant :*) Je me doutais bien qu'une enfant aussi bien née n'était pas coupable ! (*Elle donne sa lettre à Mme Fabry :*) Allez, s'il vous plaît, vous-même, madame, porter cette lettre à mon cocher, et qu'il aille tout de suite la remettre à Mme la supérieure de la maison de correction du carrefour Saint-Pierre. (*Mme Fabry sort. — On frappe d'un autre côté.*)

SCÈNE III

Mme DE MERVILLE, FRANÇOISE

Mme DE MERVILLE

Entrez !

FRANÇOISE

Madame, il y a là la mère Colette qui demande à vous parler. Elle paraît bien joyeuse.

Mme DE MERVILLE

Que pourrait-elle m'annoncer de si agréable ?

FRANÇOISE

Je ne sais pas, madame; mais elle dit qu'elle ne peut attendre, que cela presse beaucoup.

Mme DE MERVILLE

Eh bien ! qu'elle entre ! (*Françoise sort.*)

Elle vient peut-être aussi confirmer l'innocence de cette pauvre Charlotte !

—

SCÈNE IV

Mme DE MERVILLE, SOEUR COLETTE

SOEUR COLETTE *essoufflée*

J'accours en toute hâte, madame, vous apporter une nouvelle bien extraordinaire, mais bien agréable.

Mme DE MERVILLE

Qu'est-ce donc, ma bonne sœur ?

SOEUR COLETTE

L'innocence de Charlotte est reconnue et...

Mme DE MERVILLE

Je sais cela, je sais cela !

SOEUR COLETTE

Oui, madame, mais ce que vous ne savez pas, c'est que... (*Elle lui présente un papier.*) Tenez, madame, lisez plutôt.

Mme DE MERVILLE *après avoir lu bas*

Quoi, mère Colette! quoi, Charlotte, l'aimable Charlotte, serait ma vraie fille! et Félicie, l'orgueilleuse Félicie ne serait que la fille du villageois Frémont! Mais dites-moi, mère Colette, quelle preuve a-t-on d'un événement si incroyable?

SOEUR COLETTE

Voici, madame, comme cela s'est fait. Frémont est arrivé hier très-malade à notre hôpital. Il vient de mourir dans les sentiments les plus chrétiens. Après avoir reçu les sacrements, il a fait appeler le notaire, et il a déclaré en sa présence, en celle de M. le curé, et de quatre témoins, que sa femme, voyant la petite Charlotte maigre et maladive, et craignant que la pension de cent écus que vous lui aviez faite, ne vînt à lui être retirée, si votre fille mourait, avait échangé Charlotte contre leur fille Félicie, qui était d'une bonne santé. Ainsi, on vous a rendu Félicie Frémont, au lieu de Charlotte de Merville, votre fille. M. le curé atteste que la femme Frémont, en mourant, lui a fait la même déclaration,

mais qu'elle ne l'avait autorisé à en parle[r]
qu'à la mort de son mari. Ainsi la Provi[-]
dence a tout conduit.

Mme DE MERVILLE

Mon Dieu ! quel bonheur ! Oui, je m[e]
sentais toujours portée pour cette aimab[le]
Charlotte. Ah ! que n'est-elle déjà arrivée [!]
j'ai envoyé mon cocher la chercher. Il tard[e]
beaucoup. Je l'entends, je crois.

SOEUR COLETTE *regarde du côté de la couliss*[e]

Oui, la voilà qui vient avec la mère Luca[s]
et sa fille Perrette.

SCÈNE V

Mme DE MERVILLE, SOEUR COLETTE, MÈR[E]
LUCAS, PERRETTE, CHARLOTTE *en habit d[e]
pénitente.*

Mme DE MERVILLE

Venez, ma chère Charlotte, venez, qu[e]
je vous embrasse !

CHARLOTTE *à genoux*

Non, madame, c'est à vos genoux que j[e]
veux être.

Mme DE MERVILLE *la relevant*

Viens, mon enfant, viens ma fille, ne crains pas d'embrasser ta mère.

CHARLOTTE *se relevant*

Ah! madame! si vous avez reconnu mon innocence, si vous me rendez votre estime, mes malheurs seront bientôt terminés. Mais que veulent dire ce nom de mère que vous prenez envers moi, ce nom de fille que vous me donnez?

SOEUR COLETTE

Oui, mademoiselle, Mme de Merville est votre mère. Félicie n'est que la fille de Frémont. Aujourd'hui tout est éclairci. Oui, vous êtes et par vos vertus et par votre naissance la vraie fille de madame la marquise. Embrassez votre mère. (*Charlotte embrasse Mme de Merville.*)

MÈRE LUCAS *tout ébahie*

Mais queu-que ça veut dire? Est-ce que j'rêve donc? Ma finte! quoi que ça soit, j' n'en sais pas fâchée pour mon compte. C'te Félicie était aussi par trop orgueilleuse. Ça n'vous regardait pas le pauvre monde!

On a ben raison de dire que l'bon Dieu punit toujours les orgueilleux et récompense ceux qui sont bien humbles. Mais queu qu'al va dire de tout ça, c'te demoiselle Félicie, quand elle va arriver de sa promenade avec sa gouvernante ?

Mme DE MERVILLE

Cela ne nous inquiète pas. (*A Charlotte :*) Va vite, ma chère fille ; quitte cet habit de pénitente, et revêts-toi de vêtements dignes de ta naissance et de ta condition. (*A sœur Collette :*) Allez avec elle, sœur Colette, et dites à mes femmes de chambre de lui donner une des plus belles robes de Félicie.

(*Sœur Colette et Charlotte sortent ensemble. Du côté opposé entre Félicie accompagnée de Mme de Valmont.*)

SCÈNE VI

FÉLICIE, Mme DE MERVILLE, Mme VALMONT, MÈRE LUCAS.

FÉLICIE *avec aigreur*

Qu'entends-je dire, maman, que vous avez déjà fait revenir cette petite voleuse de Charlotte ; que vous venez de l'envoyer prendre une de mes plus belles robes, et que vous l'appelez votre fille ?

Mme DE MERVILLE

Oui, mademoiselle, vous n'êtes pas ma fille, et vous ne l'avez jamais été, vos sentiments étaient trop différents des miens pour que je fusse votre mère.

FÉLICIE *avec fureur*

Quoi ! vous osez me renoncer pour votre fille ! Quoi ! vous me préférez une petite villageoise, une voleuse !...

Mme DE MERVILLE *avec dignité*

Allez, fille indigne, allez. Dieu a puni votre orgueil, vos mensonges, vos infâmes calomnies. L'innocence de Charlotte est reconnue, et sa naissance n'est plus un secret. Allez, fille de Frémont, quittez au plus tôt ces habits que vous n'auriez jamais dû porter. Retournez avec ces paysannes que vous avez tant méprisées, et qui valent mieux que vous. Puissiez-vous rentrer en vous-même, et mériter ainsi votre grâce auprès du Seigneur !!!.

Mme VALMONT

Mais, madame, cependant Melle Félicie est bien...

Mme DE MERVILLE

Taisez-vous, madame, gouvernante infidèle et hypocrite ! sortez de ma présence et n'y reparaissez jamais.

Mme VALMONT *à Félicie*

Allons ; mais nous nous vengerons : nous verrons si l'on peut ainsi méconnaître ses enfants. (*Elles sortent.*)

Mme DE MERVILLE

Je ne crains rien.

MÈRE LUCAS

Mon Dieu, quel orgueil ! ! !

SCÈNE DERNIÈRE

CHARLOTTE *bien parée*, *avec* SOEUR COLETTE, Mme DE MERVILLE, MÈRE LUCAS, PERRETTE

CHARLOTTE

Maman, ô mon excellente mère, je viens selon vos ordres.

Mme DE MERVILLE

Viens, viens, ma chère fille, que je t'embrasse de nouveau. Mon cœur est transporté de joie. (*Elle l'embrasse.*)

MÈRE LUCAS

Et nous donc ! crait-on que j' n' sommes pas heureuse d'avoir trouvé une si bonne et si excellente maîtresse ! mais toi, Perrette, tu ne dis rien ?

PERRETTE

Ma mère, j' pense que si j'apporte des noisettes à mamselle Charlotte, al'les recevra ben : alle ne me renverra pas comme faisait c't' orgueilleuse de Félicie.

CHARLOTTE

Non vraiment, ma petite, et si maman veut le permettre, dès aujourd'hui je te prends à mon service, et quand tu seras grande, je te ferai apprendre un métier pour gagner ta vie.

Mme DE MERVILLE

Oui certainement, ma fille, j'aime à te voir dans de si heureuses dispositions.

PERRETTE

Ah, mam'selle, que j' vous remercie !

Mme DE MERVILLE

Allons nous réjouir d'un aussi heureux événement qui me rend ma vraie fille.

SOEUR COLETTE

Et bénissons la Providence qui veille toujours sur ceux qui aiment Dieu et qui espèrent en lui.

PERRETTE

Et ne méprisons jamais personne, parce qu'on ne sait pas c' qu'on a à devenir.

MÈRE LUCAS

Et apprenons tous, à l'exemple de Félicie et de mademoiselle Charlotte, que le bon Dieu punit toujours le vice et récompense la vertu.

GENEVIÈVE

ou

LES BIENFAITS DE LA PROVIDENCE

ET DE LA RELIGION

EN UN ACTE

Dieu laissa-t-il jamais ses enfants au besoin?
Aux petits des oiseaux il donne leur pâture,
Et sa bonté s'étend sur toute la nature.
RACINE. Athalie.

PERSONNAGES :

Geneviève, orpheline.
Madelon,
Maria,   } ses sœurs.
Suzette,
Thérèse,
Gothon, tante de Geneviève.
La Foi, I,
L'Espérance, II,   } personnifiées.
La Charité, III,
La Religion, IV,
Mme Clermont.
Mme Delarche.
Melle Adèle Clermont, fille de Mme Clermont.
Melle Armande Delarche, fille de Mme Delarche.

I. La Foi est vêtue de blanc, un voile lui couvre la figure.

II. L'Espérance est vêtue de vert, et tient à la main une ancre.

III. La Charité, vêtue de rouge, tient à la main un cœur enflammé.

IV. La Religion, vêtue de blanc, tient à la main une croix.

GENEVIÈVE

ou

LES BIENFAITS DE LA PROVIDENCE

ET DE LA RELIGION

—◇—

Le théâtre représente un bocage. Une jeune fille, assise sur un banc, travaille en poussant de profonds soupirs. Accablée sous le poids de la douleur, elle se lève et regarde le ciel.

—◇—

SCÈNE I

GENEVIÈVE *seule*

Grand Dieu ! dans quelle affliction tu me vois plongée ! oh ! pardonne, je t'en conjure, pardonne à ma douleur. Ma mère, hélas ! je ne te verrai plus. Il y a trois jours, je pouvais encore te serrer la main, contempler tes traits chéris ! La terre couvre maintenant le seul bien que ta fille possédait. Qui voudra essuyer ses larmes, cicatriser la plaie de son cœur ? Pauvre orpheline, où trouverai-je une seconde mère ? et mes sœurs !!! ah ! qui pourra subvenir à leurs besoins ?. A douze ans, puis-je gagner la vie pour cinq personnes ? Ma mère, du haut de l'éternel séjour, entends nos soupirs ! Ta piété m'est un sûr garant de ton bonheur; intercède, je t'en conjure, pour une fille qui ne connaît en ce moment que sa douleur. La Providence était ta force et ton soutien. Je me rappelle tes dernières paroles ; puissent-elles se réaliser en ne laissant point sur la terre tes enfants orphelins ! Tu nous l'as donnée pour mère cette Providence, en nous serrant pour la dernière fois entre tes bras. Dieu tout-puissant, envoie-moi un ange consolateur; aie pitié de ma faiblesse !... Mais, qui vient me trouver ici ? Ah ! ce sont mes sœurs ! Pauvres petites ! vous ne connaissez pas votre malheur : essuyons nos larmes. (*Elle essuie ses larmes.*)

SCÈNE II

MARIA, THÉRÈSE, GENEVIÈVE

MARIA

Bonjour, Geneviève ; viens donc nous donner à manger, j'ai grand'faim, moi ; ma petite maman dort encore.

GENEVIÈVE *à part*

Pauvre petite ! elle me déchire le cœur ! (*Haut :*) Oui, mes bonnes petites, tout à l'heure, j'y vais.

THÉRÈSE

Ma petite maman va-t-elle bientôt se réveiller ? Elle dort bien longtemps, je voudrais bien la voir.

GENEVIÈVE

Elle est réveillée, mes petites amies, mais elle est avec le bon Dieu, il l'a appelée, et elle est au ciel maintenant.

MARIA

Oh ! oui, si le bon Dieu l'a appelée, elle est partie bien vite, parce qu'elle est bien obéissante. Mais je voudrais bien la voir ; qu'elle vienne bientôt !

GENEVIÈVE

Elle priera pour nous là haut, et rien ne nous manquera. Elle nous voit : le bon Dieu nous en donnera une autre.

THÉRÈSE

Elle nous voit, dis-tu? Mais nous ne la voyons pas. Ah! si nous en avons une autre, il faut qu'elle soit toute pareille d'abord.

GENEVIÈVE

Notre tante Gothon nous en servira, je l'espère.

MARIA

Je n'en veux que pour un petit moment, en attendant que ma petite maman vienne de là haut, parce que ma tante est trop méchante.

THÉRÈSE

Elle veut toujours nous mettre en pénitence. Oh! ma petite maman, ce n'est pas toi! viens donc bien vite, je t'aime de tout mon cœur, je te promets de n'être plus méchante.

SCÈNE II

GENEVIÈVE *à part*

Qui ne pourrait être attendri ! qu'elles me font de mal.

(*On entend une voix qui appelle dans le lointain :* Maria, Thérèse, venez manger la soupe.)

GENEVIÈVE

Allez, mes enfants, allez bien vite. Voyez-vous qu'elle n'est pas si méchante, votre tante Gothon ; elle vous a fait à déjeuner.

MARIA

Viens donc aussi, toi.

GENEVIÈVE

Oh ! je n'ai pas faim, je t'assure.

THÉRÈSE

Mais tu ne manges plus depuis que notre petite maman est au ciel. Ne t'en vas pas avec elle, je t'en prie, reste avec nous ; tu seras notre petite maman, nous serons bien sages.

MARIA

Le bon Dieu veut que tu restes avec nous.

GENEVIÈVE

Oui, mes petites filles, je resterai, je ne vous abandonnerai pas. Je vivrai pour vous. Allez déjeuner; comme j'ai très-grand mal à la tête, je vais rester ici à prendre l'air.

THÉRÈSE

Je ne t'oublierai pas, sois-en sûre. (*Elles sortent.*)

SCÈNE III

GENEVIÈVE *seule*

Tu veux que je vive, grand Dieu! et je sens que je le dois pour ces intéressantes créatures. Tu sembles me les confier comme un dépôt sacré. Je dois être leur mère, leur ange tutélaire. Leur jeunesse, leur innocence toucheront ton cœur. C'est là tout mon espoir. Hélas! je sens souvent, dans l'abattement où mon âme est plongée, le courage m'abandonner. Je suis anéantie sous le poids dont tu m'accables. Ma raison obscurcie m'égare. L'éducation que ma mère avait déjà commencé à me procurer par ses économies, les lumières dont elle cherchait à éclairer mon âme, tout semble s'évanouir en un moment et se couvrir d'un nuage épais. Religion sainte, combien j'aurais besoin de ta lumière étincelante, de ton flambeau lumineux, pour me soutenir au milieu de tant de maux ! Et il ne me reste pour appui dans ce monde qu'une tante qui ne voit qu'elle sur la terre. Son intérêt est le seul mobile qui la fait agir. Elle oublie jusqu'aux sentiments de l'humanité. Ah ! si j'étais plus instruite, je chercherais à dessiller ses yeux, qui semblent parfois vouloir s'entr'ouvrir à la lumière, mais qui se referment aussitôt. Je l'entends ! quel entretien ! que je le redoute ! Mon Dieu, inspirez-moi et soutenez mon courage.

SCÈNE IV

GOTHON, GENEVIÈVE

GOTHON

Qu'est-ce qu'al fait donc là, c'te drôlière, au lieu d'venir à la maison me débarrasser d'ses sœurs? V'là six sous de perdus, ma matinée tout entière.

GENEVIÈVE

Ah! ma tante, pardonnez-moi! ayez pitié de ma trop juste douleur. Ma mère n'est plus! j'ai perdu mon seul trésor, et vous ne voudriez pas.... (*Elle s'arrête étouffée par ses soupirs.*)

GOTHON

Tout ça est bel et bon! mais avec tes pleurnicheries tu n'avances à ren, ni moi non plus. V'là déjà six sous de perdus.

GENEVIÈVE

Ah! ma tante, détrompez-vous. Vous

avez gagné, au contraire, en prenant pitié de notre malheureux sort. Nous sommes devenues orphelines sans appui, sans argent. Notre position attendrirait le cœur le plus dur. N'oubliez pas, je vous prie, que notre pauvre mère était votre sœur.

GOTHON

J' bannis la tristesse, moi. Alle est morte : j'n'y peux ren. Faut que j'm'arrange à n'pas en faire autant tout à l'heure. J'ai encore cent francs à amasser pour acheter ce biau moulin qu'est là bas, faut q'je m'démène ferme.

GENEVIÈVE

Mais que voulez-vous que nous devenions, si vous nous abandonnez ?

GOTHON

C'est vraiment drôle ! Faut que j'pardions tout parce que vous avez tout pardu ! chacun pour son compte en ce monde. (*Geneviève pleure, Gothon continue, sans s'en apercevoir.*) Oh ! mon p'tit joli moulin m'intéresse trop ! Quand j'serons meunière, c'est là que j'serons fière ! J'aurons une basse-cour ben montée, cochon, poules et dindons, des vaches aussi, dame ! de bon beurre et de bons fromages. J'ferons d'l'argent, j'espère. J'avons de l'instinct ; on m'l'a toujours dit. Servante à vache, entendez-vous ? (*Elle regarde Geneviève.*) Toujours des larmes ! Si elles étaient d'or seulement !

GENEVIÈVE

Je ne demande pas l'or, mais ma mère ; c'était toute ma richesse et je l'ai perdue.

GOTHON

Allons, faut aller à l'herbe, dame ! avoir du cœur, garder les dindons. Si v'aviez mon instinct, vous vous tireriez d'affaire. Pour moi, je n'peux pas toujours être là. Arrangez-vous. J'veux ben vous sacrifier c'te journée-là, vous donner du pain ; mais demain faudra en chercher où vous pourrez.

GENEVIÈVE

Ah ! ma tante ! au nom de la charité, ayez pitié de mes petites sœurs. Voyez dans quelle triste position nous sommes. Si jamais nous sommes plus heureuses, vous vous en ressentirez, je vous assure; un bienfait n'est jamais perdu.

GOTHON *à part*

Mais je me sens attendrie.... Eh ben, tenez, j'vous donn'rons du pain pendant huit jours, et puis j'allons tâcher de parler à la dame du châtiau qu'est là auprès de ces peupliers, on dit qu'alle est ben charitable, p't'être que vous l'y f'rez pitié.

GENEVIÈVE

Bien reconnaissante, ma tante; j'espère que le bon Dieu aura pitié de nous.

GOTHON

Allons, j'nous en r'tournons cheuz nous. Tes p'tites sœurs jouent dans l'verger, revins bientôt. (*Elle sort.*)

SCÈNE V

GENEVIÈVE *seule*

Qu'on est à plaindre d'avoir de tels sentiments ! Pauvre tante, je vous plains, mais je ne vous condamne pas. Si j'étais plus instruite moi-même, tout mon plaisir serait de vous montrer le chemin du vrai bonheur. Mais je m'oublie : que faire ? que devenir ? seule, abandonnée, dans huit jours où trouverai-je seulement notre nourriture ? Oh ! pourquoi la vie ne m'a-t-elle pas été enlevée le même jour que je fus séparée de notre soutien ? (*Elle s'assied accablée de fatigue.*) Je vais ici mourir de douleur ! mais que dis-je ? Religion sainte, viens à mon secours ; sans toi je vais périr. (*Elle s'appuie la tête dans ses mains.*)

SCÈNE VI

LA RELIGION, LA FOI, L'ESPÉRANCE, LA CHARITÉ, GENEVIÈVE

LA RELIGION *prenant la main de Geneviève*

Vous m'avez appelée, chère enfant; heureux, mille fois heureux celui qui se jette entre mes bras. Reposez sur mon sein, je suis votre première mère. C'est moi qui vous reçus au jour de votre naissance, et qui vous marquai du signe de salut. C'est moi, si vous vous montrez docile à ma voix, qui guiderai vos pas dans la sagesse. Je serai votre tendre mère, j'essuierai vos larmes tant que vous serez assise près des roseaux, sur les bords du fleuve de Babylone; c'est moi qui viendrai encore pour la dernière fois fortifier votre âme au moment terrible et tout à la fois consolant qui, de la terre d'exil et de captivité, vous transportera dans la céleste Sion.

GENEVIÈVE

A votre douce voix, je me sens attendrie,

fortifiée : que votre puissant secours m'est salutaire ! Mon âme, ô mon âme, réveille-toi de ton assoupissement ! salue de loin ta patrie, entonne l'hymne de l'espérance : oui, je me suis réjouie lorsqu'on m'a dit que nous irions dans la maison de mon Dieu. Mais quelle route prendre ? Si jeune encore, il est si facile de m'égarer ! Ah ! aimable Religion ! puisque vous êtes ma mère, je vous promets d'être une fille docile. Parlez, parlez, votre enfant vous écoute.

LA RELIGION

Vous vous croyez aveugle, ma fille, et vous avez raison ; car, sans ma lumière, toute clarté n'est que ténèbres, toute science que vanité, mensonge, ignorance. Mais en écoutant les leçons que je vous donnerai, votre âme sensible et pure pourra prendre facilement le chemin du vrai bonheur. Voyez mes sœurs qui s'empressent autour de vous et qui viennent avec moi vous tendre une main amie. Elles vous seront d'un grand secours dans votre pèlerinage. Emanées de Dieu, c'est toujours vers lui qu'elles prennent leur essor. Leur nom sublime vous inspirera le respect et la docilité ; voyez près de vous la Foi, l'Espérance et la Charité : que la Foi soit votre lumière, l'Espérance votre force, la Charité le mobile de toutes vos actions. Mais parlez vous-mêmes, mes sœurs, éclairez cette âme innocente qui attend de vous la force et la vie.

LA CHARITÉ

Qu'il m'est doux de trouver une âme si heureusement disposée ! Entrons, entrons-y, mes sœurs, régnons-y comme sur notre trône. C'est la Religion qui nous l'a préparé. Mais je dois vous laisser la première place. Foi divine, lancez un rayon bienfaisant ; pénétrez cette âme de votre céleste clarté.

LA FOI

Je vous rendrai cet honneur, mes sœurs, et je vais commencer par faire connaître à cette jeune néophyte toute la beauté de notre aimable sœur la Religion. Car, humble et modeste, elle cache toujours à l'ombre ses plus belles vertus, et semble ne paraître avec plaisir que lorsqu'il est question d'humiliations, de souffrances et de sacrifices. Elle enfante les actions les plus belles, et elle semble les réserver, les cacher dans son sein. Elle ne veut que les regards de son divin Maître. Elle craint, non pour elle-même, mais pour ses enfants, les louanges dangereuses et les funestes flatteries. Mais s'il est question de prendre en main la cause de son Dieu, rien ne l'épouvante; vous la voyez avec une noble fierté affronter tous les dangers, la mort même. Que dis-je? la mort est pour elle la plus belle vie. Car c'est alors qu'elle va se perdre dans le sein de la Divinité d'où elle est émanée. Elle envoie dans le ciel ses enfants pour prendre possession des trônes qui leur sont réservés. Pour elle, toujours tendre et compatissante, elle restera jusqu'à la consommation des siècles, pour garantir l'innocence, défendre l'opprimé, soutenir le faible, fortifier l'affligé, réveiller le remords du coupable, le toucher, le convertir, le ramener à son Dieu. Enfin sa main bienfaisante versera tous les jours, en abondance, les trésors dont elle est enrichie, jusqu'à ce que, réunie à ses enfants chéris, à la fin des siècles, Église triomphante, elle vivra éternellement dans le sein du Seigneur.

GENEVIÈVE

Qu'elle est belle, qu'elle est sublime et digne de son Auteur, cette Religion dont vous venez de faire l'éloge !

L'ESPÉRANCE

Mon nom seul doit inspirer de la confiance, je suis la consolatrice des nautoniers voguant au milieu des flots, aussi bien que du paisible habitant des campagnes. Plus heureuse que ma sœur, je m'assieds sur les trônes ; partout je trouve une place : rarement on me repousse. Mais j'aime surtout à descendre dans les cachots les plus ténébreux, à verser un baume de consolation dans l'âme affligée, à essuyer les larmes les plus amères. Je combats de toutes mes forces mon plus cruel ennemi, l'affreux désespoir, et lorsque je parviens à le chasser d'un cœur et à prendre sa place, alors j'appelle mes sœurs, et, d'un commun accord, nous achevons l'ouvrage.

LA CHARITÉ à *Geneviève*

Vous voyez, chère petite, que nous sommes inséparables. Sans nous l'Espérance ne pourrait exercer son empire, et sans elle nous ne pouvons non plus exercer le nôtre. Mais continuez, chère Espérance.

L'ESPÉRANCE

Vous savez, mes sœurs, qu'en vous je trouve la vie, et que je gagne plus à vous écouter qu'à parler. Je ne saurai dire autre chose, sinon qu'où l'homme ne rencontre que trouble et infortune, je trouve le bonheur et la paix. Battue des flots, accablée de revers, on me croirait perdue pour toujours; mais au milieu de tant d'orages, le front serein et le visage riant, je reparais plus brillante et plus belle. Qu'il est beau de me voir exercer mon empire sur l'âme du juste. Si d'un côté vous le voyez plongé dans la plus profonde douleur, de l'autre, vous le voyez me sourire, et voler avec moi dans le séjour immortel où il retrouve ce que la mort lui avait enlevé. Ici c'est une mère qui vient en moi chercher sa

SCÈNE VI 83

fille ; là l'époux son épouse, le tendre père son cher fils. Un jour, disent-ils, un jour nous nous réunirons ; l'Espérance me l'a promis, la Foi me l'assure, et la Charité me servira de guide.

GENEVIÈVE

Ne m'abandonnez jamais, ô aimable Espérance. Hélas ! je vous ai méconnue un instant ; j'allais, il y a une heure, me livrer à votre ennemi. Mais vous avez toutes volé à mon secours, filles du ciel, et mon cœur s'est senti ému, touché, changé. Permettez-moi, cependant, de vous interroger encore, divine Espérance. Pouvez-vous véritablement demeurer aussi calme, lorsque votre plus cruel ennemi vous poursuit ?

L'ESPÉRANCE

L'Espérance chrétienne ne s'évanouit pas en un moment comme l'espérance mondaine ; car c'est dans le sein de Dieu que je repose. Il est vrai de dire que c'est à la Foi que je dois mon bonheur. Oui (*montrant la Foi*) c'est de vous, ma sœur, que je tiens ma force et ma beauté ; et lorsque l'affreux désespoir me poursuit, je vois aussitôt la main de l'infatigable Charité lever doucement le voile qui couvre votre visage, et tout à coup je sens que les rayons dont il reluit m'éclairent et me raniment; en vous je trouve la nourriture, la vie, la voie qu'il faut que je suive.

LA CHARITÉ

Voyez combien de bonheur nous procurons à celui qui se rend docile à notre voix ! S'il existe encore des êtres malheureux, c'est qu'ils nous méconnaissent, ou qu'ils prennent l'ombre pour la réalité. Soyez sage, mon enfant, et bientôt, différente de vous-même, vous verrez qu'on peut être heureuse dans toutes les situations, dès qu'on nous prend pour soutien. Bientôt la Foi vous dessillera les yeux; instruite à l'école de la Religion, vous en saurez mille fois plus que les savants de la terre. A ses divines lumières, que de trésors cachés on découvre ! avec elle, on a tout ; et sans elle, tout n'est rien.

LA FOI

Oui, c'est moi qui révèle aux petits des

mystères que je dérobe aux regards de l'orgueilleux. C'est moi qui fais peser, dans une juste balance, le prix de toutes les choses d'ici-bas. Je puis remplir un cœur ambitieux, curieux, aimant ; oui, un cœur avide peut en moi apaiser ses désirs. Je ne souhaite rien tant qu'un tel cœur. S'il veut des honneurs, j'en procure d'immortels ; des plaisirs, j'en offre d'ineffables pendant une éternité ; s'il veut aimer, je lui présente un objet infiniment aimable ; s'il recherche les hautes sciences et les connaissances profondes, je lui révèle les mystères les plus sublimes et les plus impénétrables.

LA CHARITÉ

Quand la foi a ainsi éclairé une âme, alors je me hâte d'y descendre à mon tour, et j'y allume un feu sacré et toujours ardent. Ce n'est plus alors cette âme qui vit, c'est Dieu lui-même qui vit en elle. Je suis une fille aînée du cœur de Jésus-Christ. Celui qui me possède, est capable des plus grandes choses. Je travaille, et je ne suis pas accablée. Je souffre, et je ne sens point mes souffrances. Oui, je suis plus forte que la mort. Je brûle d'un feu toujours ancien et toujours nouveau ; tout mon bonheur est d'en embraser les cœurs des hommes. Voyez mon empire dans saint Vincent de Paul ! le feu que j'ai allumé dans son âme s'étend jusqu'au delà des mers. Enfants abandonnés, pauvres affligés, sauvages délaissés, captifs, ignorants, veuves, vierges, orphelins, séchez, séchez vos larmes à la vue du père, de l'ami, du consolateur que je vous ai formé.

Par la miséricorde de Celui dont le bras n'est pas raccourci, ne voyez-vous pas, tous les jours, parmi vous, de ces âmes compatissantes embrasées de ce même feu, se dévouer aux travaux les plus pénibles, les unes pour secourir l'humanité souffrante, les autres pour retirer du vice tant de victimes malheureuses, ou pour en préserver la timide innocence. Ce riche qui verse une partie de son revenu dans le sein du pauvre, c'est moi qui l'inspire. Cette mère qui apprend à ses filles à se priver de leur superflu pour le verser dans le sein de la veuve, du vieillard et de l'orphelin, c'est moi qui l'inspire. Je ne finirai pas, si je voulais vous détailler ici les sacrifices que je fais supporter, les maux que j'apaise, les douleurs que je calme, les pleurs que j'essuie.

GENEVIÈVE

Plus vous me faites entendre votre voix, ardente et sublime Charité, plus ce feu dont vous me parlez s'empare de mon cœur, plus il m'enflamme du saint désir de connaître la voie qui conduit au vrai bonheur.

LA RELIGION

Venez, venez à mon école, chère enfant, et je vous ferai connaître la route que vous devez suivre. Dès que vous serez instruite, je vous offrirai un bain salutaire pour laver votre robe dans le sang de l'Agneau sans tache. Je vous présenterai ensuite au banquet céleste où Dieu lui-même, conduit par la Charité, oubliant sa grandeur et votre bassesse, deviendra votre nourriture. Oui, ma fille, par un prodige inouï, les cieux s'abaisseront jusqu'à vous!!! bientôt après votre âme recevra une nouvelle force; l'Esprit saint descendra en elle et l'enrichira de tous ses dons. C'est alors, ma fille, que vous sentirez en vous les vives lumières de la Foi, les consolations de l'Espérance, les éminentes largesses de la Charité de votre Dieu. Vous pourrez ensuite, en revenant souvent puiser dans mon sein les mêmes richesses, être offerte aux yeux d'un monde que vous aurez appris à connaître, et que vous pourrez édifier et toucher par vos exemples.

GENEVIÈVE

Soyez persuadée de ma docilité ; déjà mon âme éclairée ne veut s'attacher qu'à vous.

LA RELIGION

Vous avez bien raison, ma fille, car c'est moi qui fais l'homme vraiment vertueux. Voyez ce guerrier intrépide formé à mon école ! Dieu, son roi, sa patrie, telle est sa devise chérie : il défend l'opprimé, il abhorre le pillage, il respecte l'infortune ; le même en tout temps, il est chéri de tous ceux qui l'entourent. Voyez ce magistrat intègre, c'est moi qui l'ai formé : il m'a toujours reconnue pour sa mère; aussi sa balance est-elle l'équité même. Et cet homme de lettres dont la plume n'a jamais tracé de mots avant qu'ils fussent pesés au poids du sanctuaire, c'est mon disciple fidèle. Cet époux honnête et juste, cette mère de famille vigilante et sage, ces enfants vertueux et craignant Dieu, voilà mon ouvrage. Oui, dans tous les états, dans toutes les positions, il est facile de reconnaître mes enfants. Quand donc vous verrez des justes sur la terre, mon enfant, rendez gloire à mon nom, mais avant tout à l'Auteur de tout bien, qui m'a envoyée sur la terre pour être le guide, le soutien de la société. Ah! que d'ingrats déchirent mon sein! je les aime pourtant, car je ne saurais haïr. Je les appelle, je les poursuis sans cesse, mais ils dédaignent mes invitations, ils sont sourds à ma voix. Quand vous en verrez de ces enfants égarés, cherchez, surtout par vos prières, à réunir ces branches séparées du tronc, ou qui ne poussent que des fruits sauvages. Conjurez-les de se rendre à mes vœux; je ferai tous les frais; j'irai au devant d'eux, leur tendre mes bras maternels.

GENEVIÈVE

Mon cœur ne peut se lasser d'écouter vos leçons pleines de sagesse. Que je vous aime, aimables filles du Roi du ciel! venez, venez régner dans mon âme. Vous m'éclairerez, ô Foi sainte; vous me consolerez, aimable Espérance; vous m'instruirez, sublime Religion; et vous dont je ressens déjà les ardeurs, Charité céleste, vous embraserez mon âme de vos feux divins.

LA FOI

Oui, mon enfant, je le dis au nom de mes sœurs. Nous prendrons plaisir à régner en vous. Ce sont des âmes semblables à la vôtre que nous cherchons. Je viendrai à votre secours, la Religion et la Charité aussi, n'en doutez pas; et l'Espérance sera toujours près de vous, car nous ne pouvons faire aucun bien sans elle. Compagne fidèle, elle guidera tous vos pas; elle me montrera à vous, et je vous la montrerai de même. Avec elle, vous n'aurez rien à craindre; et quand, sur un lit de douleur, vous serez abandonnée de vos meilleures amies, elle viendra nous calmer vos alarmes; et enfin, après avoir fermé vos débiles paupières, elle vous transportera sur ses ailes légères devant le Dieu dont vous aurez par nous suivi les traces, pour recevoir la couronne immortelle. Elle descend, vous le savez, dans les plus noirs cachots; partout où elle habite, on est en assurance.

LA RELIGION

Ma fille, méditez en silence nos divines leçons. Remettez toutes vos peines dans le sein de Dieu. Cherchez, ma fille, le royaume de Dieu et sa justice, et le reste vous sera accordé par surcroît. Adieu, nous nous reverrons bientôt.

GENEVIÈVE

Soyez assurées de ma docilité, du bonheur que je goûte à vous entendre, et de ma vive reconnaissance.

SCÈNE VII

GENEVIÈVE *seule*

Que de grâces à vous rendre, ô mon Dieu! j'étais ignorante et aveugle, vous avez daigné m'instruire et m'éclairer. Achevez votre ouvrage, Seigneur, mon âme soupire après la sagesse.... Ah! qui vient me troubler? j'aurais si grand besoin d'être seule!

—

SCÈNE VIII

GENEVIÈVE, SUZETTE *et* MADELON

SUZETTE

Nous venons t'apprendre une bonne nouvelle, ma sœur. Notre tante Gothon a parlé à la dame du château. Elle est si bonne, si aimable, que j'en suis encore toute émerveillée. Elle nous a prises entre ses bras en nous disant : Non, mes petits enfants, vous ne serez pas longtemps orphelines ; le Ciel vous donnera bientôt de nouvelles mères.

SCÈNE VIII

MADELON

Elle a eu la bonté de nous dire qu'elle parlerait de nous à une de ses amies très-bienfaisante, qui a des demoiselles très-bonnes et tres-aimables.

GENEVIÈVE *à part*

Oh ! c'est vous, sans doute, aimable Charité, qui dirigez ces cœurs en notre faveur. (*Haut :*) Eh bien ! que dit notre tante de tout cela ?

SUZETTE

Elle est bien contente ; en nous ramenant, elle nous disait : Quel bon débarras que tous ces enfants-là ! Quel bonheur, on en a eu pitié ; cela m'aurait fait tort pour mon joli moulin.

MADELON *à Geneviève*

Tu la reconnais bien là. Elle ne pense uniquement qu'à amasser des trésors.

GENEVIÈVE

Si elle en désire, je peux lui en procurer

de plus grands que tous ceux de la terre.

SUZETTE

Vraiment, ma sœur ! conte-nous donc ça ! mais je l'entends, taisons-nous.

SCÈNE IX

GOTHON, GENEVIÈVE, SUZETTE *et* MADELON

GOTHON

Eh ben, Geneviève, sais-tu l'histoire, au moins, de c'te bonne dame ? Alle veut ben avoir pitié de vous. Tout ça va-t-il s'arranger au moins ! j'serons tous en paix, et j'pourrons tout à notre aise nous occuper de not' biau moulin. J'aime les écus, les richesses, c'est ben naturel.... J'vous donnerons queuque fois des œufs frais de nos poules, entendez-vous ? queuques fromages, du beurre et du lait. Voyez ben q'j'avons le cœur sur la main. (*A Geneviève:*) Mais t'as l'air ben rêveur ?

SCÈNE IX

GENEVIÈVE

Je connais votre bon cœur, ma tante, et je pense en ce moment que puisque vous aimez les richesses, je pourrais vous en procurer de mille fois plus grandes que les vôtres.

GOTHON

Tu badines, chère péquiote. (*A part :*) Dame! c'est que j'laisserions ben l'moulin là, si c'est çà !

GENEVIÈVE

Non, ma tante, je vous assure. Mais celles dont je veux vous parler, on ne les voit pas, du moins dans toute leur étendue.

GOTHON

Queuque ça fait, ça ? pourvu qu'ça soit ben sûr. Et j'serais-t-il pas ben tombée ! C'est le Ciel qui me récompense, j'en suis sûre, de la démarche que j'avons faite.

GENEVIÈVE

N'en doutez pas, chère tante ; mais pour acquérir les richesses dont je vous parle, il faut des efforts.

GOTHON

De c'côté là, je n'crains rien : j'suis ben bâtie, je n'manquons pas de cœur : coûte que coûte, j'ferons ce qui faudra faire.

GENEVIÈVE

Il faut plutôt de la douceur que de la force, quoiqu'il faille du courage néanmoins.

GOTHON

Eh ben, ma fille, j'serons comme un petit mouton, s'il faut, et pis comme un lion, s'il faut encore.

GENEVIÈVE

C'est très-bien, ma tante. J'ai appris du Ciel que les richesses de la terre ne sont rien en comparaison de celles qui sont réservées aux vrais chrétiens.

SCÈNE IX

GOTHON

Dame! c'que j'savions ça, nous autres, j'croyons que j'étions faite pour être bienheureuse, j'faisions tout pour ça, entendez-vous? si c'est autre chose, n'ayez peur, je l'ferons ben aussi.

GENEVIÈVE

Vous pourrez garder votre moulin, et avec lui être plus riche que tous les rois de la terre.

GOTHON

Mais queu bonheur, donc! je n'savions pas ça, moi. J'ferons tout c'que tu voudras. Que d'bonnes choses tu me promets. Eh ben! (*elle lui prend la main*) compte sur moi, ma fille, j'suis la tienne à présent. Quand j'me trompe dans mes idées, c'est facile de m'faire revenir. Je n'suis pas entêtée; tu m'conteras tout ça. Mais j'courons à not'maison, avec tes sœurs; ces dames doivent venir se promener par ici et entrer cheuz nous, il faut qu'alles trouvent la place ben nette. Compte toujours sur moi, ma fille, tu m'instruiras. Je n'pense pas tant à mon moulin à présent. Adieu, viens bientôt nous rejoindre, et qu'alles vous trouvent toutes réunies. (*Elle sort et emmène Madelon et Suzette.*)

—

SCÈNE X

GENEVIÈVE *seule*

Cette pauvre tante n'a pas un aussi mauvais cœur que je me l'étais figuré. Son ignorance est la cause de son aveuglement. Grand Dieu, achève ton ouvrage en moi, afin que je puisse l'éclairer à mon tour. Je me rappelle ce que m'a dit la Religion, *d'instruire les ignorants*, et ces dernières paroles, *de te chercher avant tout*, et que tu ferais le reste. Déjà je vois l'effet de cette vérité. Tu vas nous donner d'autres mères… J'entends du bruit. Ce sont elles, sans doute, partons vite…. (*Elle veut sortir.*)

SCÈNE XI

Mme DE LARCHE, Mme CLERMONT, Melle ADÈLE CLERMONT, Melle ARMANDE DE LARCHE, GENEVIÈVE

Mme DE LARCHE *arrêtant Geneviève*

N'êtes-vous pas la nièce de la bonne Gothon ?

GENEVIÈVE

Oui, madame, c'est moi-même.

Mme DE LARCHE

Ayez confiance, le Seigneur n'abandonne jamais les siens.

GENEVIÈVE

C'est en lui que j'espère, madame ; c'est un bon père.

Mme CLERMONT

Oui, mon enfant, vous avez raison ; allez, ma petite, il vous donnera aussi bientôt une mère. (*Geneviève salue et sort.*)

SCÈNE XI

Mme DE LARCHE

Eh bien ! comment la trouvez-vous ?

Mme CLERMONT

Bien intéressante, cette pauvre petite.

Mme DE LARCHE

Elle a des sœurs, surtout deux petites de quatre ans passés, qui ne le sont pas moins. (*Aux deux demoiselles :*) Voyez quelle bonne œuvre, mes enfants, d'être les mères de celles qui n'en ont plus..... quel bonheur, madame !

Mme CLERMONT

Sans doute ! il est si doux de secourir ses frères, et surtout de pauvres petites orphelines abandonnées. Mais dites-moi, je vous prie, n'avez-vous pas trouvé une maison pour elles ?

Mme DE LARCHE

Oui, madame, j'en ai trouvé une où l'on ne reçoit absolument que des orphelines. J'ai eu quelques détails sur cette maison, par une petite que j'ai été voir avec une de ses tantes. Voilà ce qu'on leur enseigne et comme on les forme. La première instruction est celle de la religion. Elles ont tous les jours une demi-heure de catéchisme, et souvent des instructions particulières pour leur en faire l'explication ; ensuite l'histoire sainte, la lecture. On leur apprend aussi à écrire passablement, et un peu de calcul. On les accoutume au respect, à la soumission d'abord envers Dieu et ses ministres, à la reconnaissance envers leurs bienfaiteurs ; à la charité la plus vive envers tous, et à l'honnêteté. On les forme au ménage, à la cuisine, chacune à leur tour, afin qu'elles soient propres à tout. Leur costume simple est toujours le même pour la forme et la couleur. Seulement celui des dimanches et fêtes est plus propre. Il y a aussi des récompenses pour celles qui donnent des marques de piété, de bonne conduite et de sagesse.

Melle ADÈLE CLERMONT

C'est fort bien. Au moins cela encourage ces enfants, et les forme doucement à la vertu.

état, exposées à se perdre.... Qu'il est doux, par quelques sacrifices, de soulager l'infortune !

Mme CLERMONT

Nous sommes doublement heureuses, madame, de voir nos enfants partager nos sentiments. Mais les voici !

SCÈNE XII ET DERNIÈRE

M^elles CLERMONT *et* DE LARCHE *tenant par la main Maria et Thérèse;* GENEVIÈVE *donnant la main à ses deux autres sœurs;* GOTHON, Mme CLERMONT, Mme DE LARCHE

GOTHON *faisant la révérence*

Bonjour, mes bonnes et chères dames.

Mme CLERMONT

Bonjour, ma bonne mère, bonjour, mes petites enfants. Réjouissez-vous en voyant les mères que le Ciel vous présente.

SCÈNE DERNIÈRE

GENEVIÈVE *voulant se jeter à ses genoux*

Ah ! madame, permettez....

Mme CLERMONT

Non, mes enfants ; c'est Dieu qu'il faut remercier, car c'est lui qui met dans les cœurs la charité bienfaisante.

GENEVIÈVE

Ah ! madame ! c'est bien lui que je remercie le premier. Je l'ai appris de la Religion. Mais elle m'a recommandé la reconnaissance ; et vous ne voudriez pas en recevoir l'expression ! Nous étions orphelines et nous ne le sommes plus ! la Providence nous donne de tendres et compatissantes mères.

GOTHON

Comment reconnaître, mesdames, la bonté de la bienfaisance... de la charité... de tout ce que vous faites ; de vos bontés... Je ne sais pas c'que j'voulais dire : la joie m'empêche de parler.

Mme DE LARCHE *riant de l'embarras de Gothon*

Oui, mère Gothon, nous sommes sûres de votre reconnaissance.

Mme CLERMONT

Allons, mes enfants, ne perdons point de temps ; venez, que nous vous conduisions à la maison des orphelines, et que nous vous remettions entre les mains de mères véritables, qui vous instruiront dans la crainte de Dieu, dans l'amour de sa loi, dans la pratique de toutes les vertus ! Venez. (*Elles sortent.*)

FIN

— Lille. Typ. L. Lefort. 1860. —

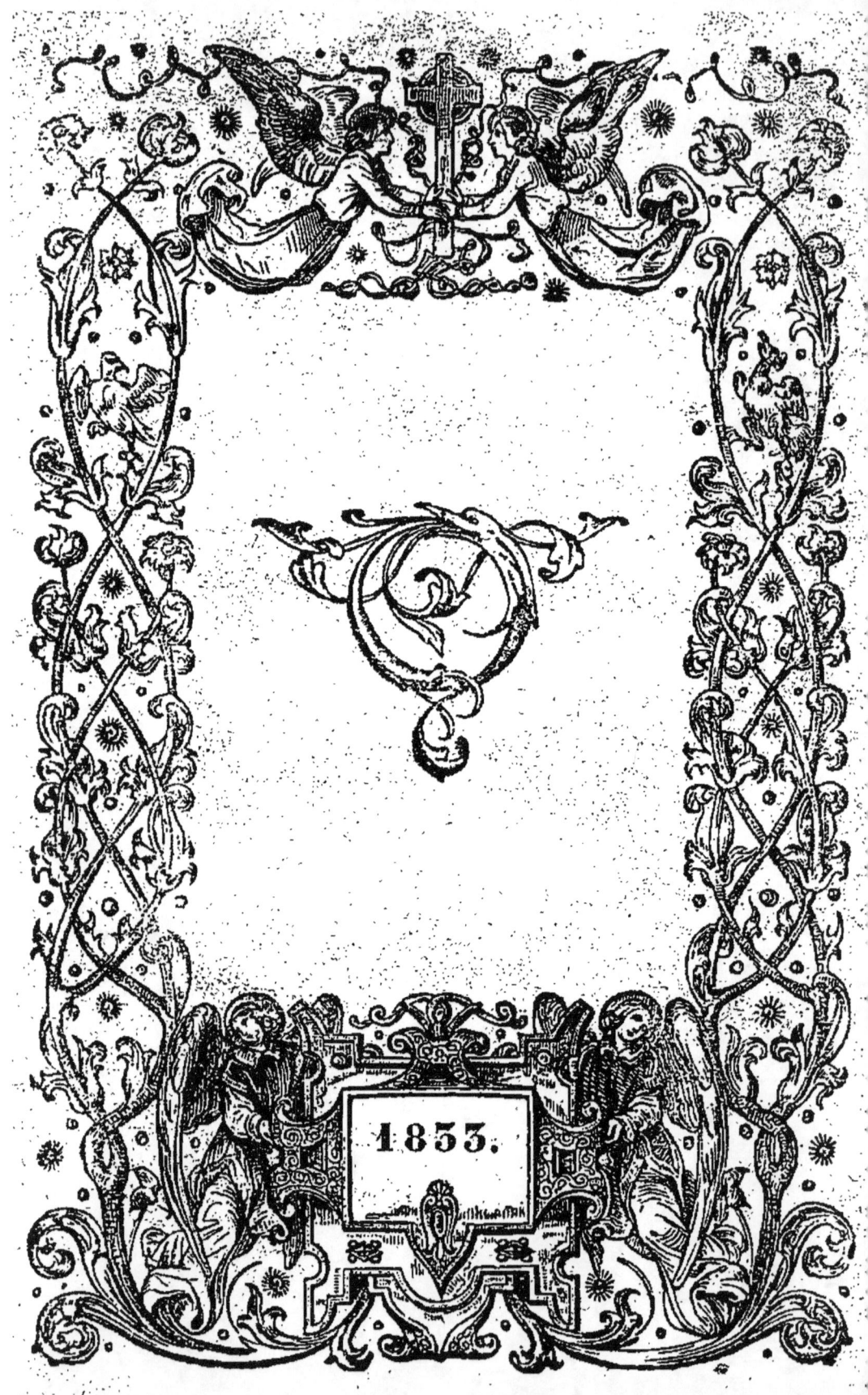

www.ingramcontent.com/pod-product-compliance
Lightning Source LLC
Chambersburg PA
CBHW070155230526
45471CB00002B/680